El hogar de nuestro presidente

por Melissa Burke

Scott Foresman
is an imprint of

PEARSON

Glenview, Illinois • Boston, Massachusetts • Chandler, Arizona
Upper Saddle River, New Jersey

Every effort has been made to secure permission and provide appropriate credit for photographic material. The publisher deeply regrets any omission and pledges to correct errors called to its attention in subsequent editions.

Unless otherwise acknowledged, all photographs are the property of Pearson.

Photo locations denoted as follows: Top (T), Center (C), Bottom (B), Left (L), Right (R), Background (Bkgd)

3 ©William Manning/Corbis; 4 (L) ©George Skadding/Time Life Pictures/Getty Images, (R) ©AFP/Getty Images; 5 (L) ©Dirck Halstead/Time Life Pictures/Getty Images, (R) ©Pam Francis/Getty Images; 6 ©John Plumbe, Jr./The Granger Collection, NY; 7 The Granger Collection, NY; 8 ©Collection 10/Glow Images/Alamy; 9 The Granger Collection, NY; 10 ©Eric Draper/White House/Getty Images; 11 (L, R) Frances Benjamin Johnston/Library of Congress; 12 (B) ©Matthew Cavanaugh/Corbis, (B) ©Bob Daemmrich/PhotoEdit

ISBN 13: 978-0-328-53341-1
ISBN 10:   0-328-53341-6

¡Bienvenidos a la Casa Blanca!

La bandera de los Estados Unidos tiene 13 franjas rojas y blancas. También tiene 50 estrellas, una por cada estado. La bandera es un **símbolo** de nuestra **nación**. Otro símbolo de nuestra nación es la Casa Blanca. Por más de 200 años, nuestros **presidentes** han vivido y trabajado en la Casa Blanca. Averigüemos más sobre el hogar del presidente de los Estados Unidos.

La Casa Blanca es muy conocida.

Los presidentes y la Casa Blanca

La dirección de la Casa Blanca
es 1600 Pennsylvania Avenue, en
Washington, D.C. El presidente vive en
la Casa Blanca, pero no es su dueño.
La Casa Blanca le pertenece al pueblo
de los Estados Unidos. Cada cuatro años,
el pueblo **vota** para elegir al presidente.
La persona elegida vive y trabaja en
la Casa Blanca.

Franklin Delano Roosevelt

John F. Kennedy

Una de las funciones del presidente es hacer cumplir las **leyes** de nuestra nación. El presidente también habla con los líderes de otros países. Además, trata de que la calidad de nuestra vida sea mejor y tengamos seguridad.

Muchos presidentes han vivido en la Casa Blanca.

5

George Washington fue nuestro primer presidente. Él no vivió en la Casa Blanca, pero ayudó a diseñarla. John Adams, nuestro segundo presidente, fue el primero en vivir en la Casa Blanca. A partir de él, todos nuestros presidentes han vivido en la Casa Blanca.

Ésta es la primera foto de la Casa Blanca.

Una historia interesante

Cuando James Madison era presidente en 1812, Estados Unidos estaba en guerra con Inglaterra. Los **soldados** de Inglaterra quemaron la Casa Blanca, pero no le pasó nada al presidente ni a su familia. Dolley Madison, la esposa del presidente, pudo salvar varios documentos y obras de arte importantes. Ella se preparaba para dar una cena cuando los soldados llegaron. Antes de prender el fuego, ¡los soldados se comieron toda la cena!

Dolley Madison salvó esta pintura de George Washington.

Después del incendio, sólo quedaron las paredes de piedra de la Casa Blanca. Pero la Casa Blanca volvió a ser la misma. Nuestros líderes la reconstruyeron para demostrar que Estados Unidos era un país fuerte.

Con el tiempo, la Casa Blanca ha aumentado de tamaño. A medida que los presidentes necesitaban más espacio, se han añadido cuartos y oficinas a ambos lados, o alas este y oeste, del edificio. Sin embargo, la parte del medio no ha cambiado mucho.

Así quedó la Casa Blanca después del ataque inglés.

Cómo es la Casa Blanca

La Casa Blanca siempre ha sido de color blanco. Cuando se construyó, los pintores cubrieron las paredes de afuera con una capa de pintura blanca. Esto ayudó a protegerlas del agua y del hielo. La casa se volvió a pintar de blanco después del incendio. En algunos lugares todavía hay huellas del incendio. Hoy en día las paredes se vuelven a pintar cada vez que es necesario.

Así es la Casa Blanca hoy en día.

En la actualidad, la Casa Blanca tiene 132 cuartos. También tiene tres cocinas y 35 baños. Hay oficinas para el presidente y otras personas. También hay salones de fiesta. La Casa Blanca tiene una piscina, una bolera y una sala de cine. Además, tiene una cancha de tenis y una pista para correr.

El presidente trabaja en la Oficina Oval.

Jugar en la Casa Blanca

La familia del presidente también vive en la Casa Blanca. Los hijos de algunos presidentes se han divertido mucho en la Casa Blanca. Un hijo de Theodore Roosevelt llevó un caballito a la casa para alegrar a su hermano enfermo. La hija de Jimmy Carter jugó en la casita que hay en un árbol del jardín. ¿Crees que sería divertido vivir en la Casa Blanca?

Dos de los hijos del Presidente Theodore Roosevelt y sus mascotas

Fiestas en la Casa Blanca

El presidente da grandes fiestas en la Casa Blanca. Asisten líderes de otros países. Cada año, los jardines de la Casa Blanca se llenan de niños que participan en la Carrera de los Huevos de Pascua. En los jardines de afuera a veces se ven niños que juegan a la pelota. ¡Qué gran sitio para divertirse!

Una fiesta de la Casa Blanca

Gira por la Casa Blanca

Las personas que van a Washington D.C. pueden hacer una gira o tour por la Casa Blanca. Algunos de sus salones están abiertos a los **turistas**. Es una casa llena de historia. ¡Vale la pena conocer una de las casas más importantes, de nuestra nación!

Las giras por la Casa Blanca son gratuitas.

Diario desde la Casa Blanca

Imagina que uno de tus padres fue elegido presidente de los Estados Unidos. ¿Cómo sería vivir en la Casa Blanca?

Piensa en lo que aprendiste sobre la Casa Blanca. Haz un diario en el que hables de lo que hiciste en tu primer día en la Casa Blanca.

1. Anota en tu diario qué hiciste en tu primer día en la Casa Blanca.
2. Di quiénes estaban allí.
3. Da detalles, datos y hechos que aprendiste al leer este libro.

Glosario

leyes *s.* reglas hechas por el gobierno.

nación *s.* grupo de personas que viven y forman un país.

presidente *s.* líder principal de un país.

símbolo *s.* objeto que representa algo.

soldados *s.* miembros del ejército.

turista *s.* alguien que viaja para divertirse y disfrutar.

votar *v.* elegir o seleccionar a alguien o algo.